산다는 것은

김창권 시집
산다는 것은

인쇄 | 2025년 7월 15일
발행 | 2025년 7월 17일

글쓴이 | 김창권
펴낸이 | 장호병
펴낸곳 | 북랜드
　　　　04556 서울 중구 퇴계로41가길 11-6, JHS빌딩 501호
　　　　41965 대구 중구 명륜로12길 64(남산동)
　　　　전화 (02)732-4574, (053)252-9114
　　　　팩스 (02)734-4574, (053)252-9334
　　　　등록일 | 1999년 11월 11일
　　　　등록번호 | 제13-615호
　　　　홈페이지 | www.bookland.co.kr
　　　　이-메일 | bookland@hanmail.net

책임편집 | 김인옥
기　　획 | 전은경
교　　열 | 서정랑

ⓒ 김창권, 2025, Printed in Korea
저자와의 협의하에 인지를 생략합니다.

ISBN 979-11-7155-144-6 03810
ISBN 979-11-7155-145-3 05810 (E-book)

값 10,000원

라온현대시인선 · *04*

산다는 것은

김창권 시집

북랜드

시인의 말

세상에 쓰여진 시나 글은 다 아름답습니다

시나 글을 쓰는 사람들은
세상을 부드럽게 하므로
존경받아야 하며

함께할 수 있어 좋은 인연에 감사합니다

우리 삶이 때로는 어둡지만
함께,
밝음에 가까이 갔으면 하는 마음입니다

2025년 여름 심평가에서
김 창 권

차례

• 시인의 말 | 5

1 / 산다는 것은

산다는 것은 … 12
코스모스 … 14
봄과 여름 사이 … 16
우리는 … 17
저에게 돌리소서 … 18
가을 단상 … 20
목련꽃 진자리 … 22
토끼풀 … 24
우문현답愚問賢答 … 25
보고 싶은 사람 … 26
살아있는 순간 … 27
괜찮아 … 28
사랑 안에서 … 31
무지개 … 32
봄날 … 34
마음 이야기 … 36

2 세대 차이

여름 … 40
행복 … 41
해바라기 … 42
고등어 … 44
세대 차이 … 46
단풍 … 47
저녁 해 … 48
십자가 … 50
봄비 … 52
그대에게 드리는 위로 … 53
도솔암 … 54
한 사람만을 위한 시 … 56
새벽 … 58
인연 … 59
가을 … 60
세상 이야기 … 62

3
장날

그대 … 66
이별은 순간입니다 … 67
닮은 가슴으로 … 68
오직 모를 뿐 … 70
우리는 외로움을 충분히 맛보았다 … 72
아침 햇빛 … 73
평화로움 … 74
외로움이란 … 75
숲속에서 … 76
첫사랑 … 78
이마에 횃불이 있네 … 79
장날 … 80
영원永遠은 이 순간에 있습니다 … 82
생강나무꽃 필 때 … 83
살아보면 아는 것 … 84
그래 … 86

4
인생의 선물

개망초꽃 … 88
11월에 태어난 사람들에게 … 89
인생의 선물 … 90
나는 무엇인가 … 92
꽃샘추위 … 93
삶에 힘을 주고 평안을 주는 언어言語들 … 94
가난을 훔쳤습니다 … 95
기쁜 날 … 96
그리움이라 부른다 … 98
고향 … 100
눈꽃 … 102
눈 오는 산사 … 104
소박한 행복 … 106
새벽 송 … 107
길은 있다 … 108

5 / 보도블록 사이에 핀 노란 민들레꽃

씨앗 … 112
마음 … 114
우리는 늘 홀로 살아갑니다 … 116
황혼黃昏에 황혼을 본다 … 118
보도블록 사이에 핀 노란 민들레꽃 … 119
아버지 … 120
말이 없는 시 … 122
가슴에 담아둔 사람 … 123
모르는 게 너무 많아 … 124
침묵의 말 … 126
해 질 녘에는 왜 눈물이 나는가 … 128
들꽃 … 130
그대 앞에서는 … 131
눈먼 사람들 … 132
열 번을 넘어져도 일어나는 거야 … 134
기도 … 136

| 해설 | 길[道]과 풍경 김동원 … 139

1
산다는 것은

산다는 것은

이 황혼이 어느 곳에서는 새벽이고
이 어둠이 다른 곳에서는 밝음입니다

우리가
어둠에,
외로움에 더듬거릴 때는

빛이 오고
함께하는 즐거움이 싹트고 있습니다

산다는 것은

봄 같은 두근거림도
여름 같은 뜨거움도
가을 같은 외로움도
겨울같이 침묵해 내는 것이라

고상하고 우아한 삶이란 없습니다

〉
고목같이 살아내고
고목같이 살아가는
거룩한 순간만이 있으니

산다는 것은,

거룩한 일입니다

코스모스

겸손하게
고개 숙여
눈을 감으니

그리움의 크기가
우주만 해졌는데

그것도 모자라서
까치발까지 들고서
하늘로 향하고,

수 갈래로 갈라지도록
나를 보라던 손짓은

다른 사람이 볼 수 없도록
가을바람만
지나게 한다

꽃잎 여덟 장은

머릿결 한 올까지 담고

그 속에
가물가물해 보였던
별들도 모아 놓고

그대를 새긴 날부터
다,
지워질 때까지
흔들어댄다

봄과 여름 사이

태어났으니
땅을
힘차게 뚫어야지

걸음을 배웠으니
신나게
가지마다 다녀야지

뛰어갈 줄도 아니
숨차도록
초록 잎을 내어야지

그리고
옛사랑이
다가오면

온몸을 맡기고
느긋하게
쉬어야지

우리는

늘
둘이면서도

항상
하나다

저에게 돌리소서

사랑한다고
다음 생에까지
사랑한다고 하니

그분은
빙그레 미소만 짓습니다

모든 허물은 저에게 돌리소서

늦은 밤
곡차 한 잔에
거사님 생각나서 전화했다는
노스님의 목소리

가느다란 인연 끈에
또 한 생 달렸는데

그분은
빙그레 미소만 짓습니다

〉
이 허물도 저에게 돌리소서

백년사랑,
곡차 한 잔,
불꽃 속에서 잠깐 보시고

그분은
빙그레 미소만 짓습니다

이 또한 저에게 돌리소서

가을 단상

노을로 꽉 찬 하늘
여백이 없고

어스름이 내린 들판
조용히 식어가고 있네

삶의 그늘이 작아지면
가슴도 조용히 식는 줄 알았네

너의 미소가
잔잔한 물결인 줄 알았는데
파도가 되어 밀려오더라

손을 마주 잡고
말없이 걷는 오늘이
우리 남은 날들의 선물

길 떠난 철새들이
붉게 물든 하늘에서 점, 점, 점

〉
멀어지다가, 까무룩
사라진다

목련꽃 진자리

외로움을 겪어 본 사람만
이곳에 오라

이별을 겪어 본 사람만
이곳에 오라

슬픔을 겪어 본 사람도
이곳에 오라

비천함과 아름다움의 끝을 본 사람만
이곳에 오라

외면하지 않고
절망에서 싹트는 희망을
자신의 남은 인생으로 삼을 사람만
이곳에 오라

두 눈 부릅뜨고
모든 고난을 이겨낸

〉
위대한 그대도
이 자리에 오라

토끼풀

한 잎
두 잎
세 잎

넷째 잎은 어디 있지?

삶은,
보이지 않는
네 잎 클로버를
선물로 발견하는 것입니다

우문현답 愚問賢答

내가 있다고 하니
내가 없다고 하고

당신이 있다고 하니
당신도 없다고 하네

우리가 있다고 하니
우리가 없다고 하고

세상이 있다고 하니
세상도 없다고 하네

있는 것이 없는 것이고
없는 것이 있는 것이라니

있지도 않고 없지도 않는 화두話頭

그것은
다 말에 불과하다네

* 우문현답 : 어리석은 질문에 대한 지혜로운 답변
* 화두話頭 : 참선하는 사람에게 도를 깨치게 하기 위해 내는 과제

보고 싶은 사람

오라는
봄비는
오지 않아

비 올 자리 치워놓고

가라는
그대는
가지 않고

버티며, 버티며 남아 있습니다

살아있는 순간

하루 종일,
세상이 보였다
보이지 않았다 한다

그대는,
가끔
보였다 보이지 않았다 한다

나는,
어쩌다가
한 번 본다

괜찮아

못생겨도 괜찮아
세상에 하나밖에 없으니까

돈이 조금 있어도 괜찮아
하루는 쓸 수 있으니까

명품 옷이 아니라도 괜찮아
나만 멋있으면 되니까

끼니를 라면으로 때워도 괜찮아
무엇을 먹었는지 모르니까

노래를 못 불러도 괜찮아
듣는 사람이 나밖에 없으니까

키가 작아도 괜찮아
위대한 사람은 키 작으니까

차가 없어도 괜찮아

나를 위해 큰 차가 시간마다 다니니까

공부 못해도 괜찮아
크면 농땡이들이 더 잘 사니까

좋은 직장에 다니지 않아도 괜찮아
길고 짧은 건 대봐야 아니까

실패해도 괜찮아
성공할 가능성 더 높아졌으니까

일을 못해도 괜찮아
날 때부터 잘한 사람 없으니까

시를 못 써도 괜찮아
밝으면 되니까

자식이 속 썩여도 괜찮아
그나마 있어 치매에 걸리지 않으니까

〉
걱정해도 괜찮아
심심할까 봐 마음이 주는 거니까

힘들어도 괜찮아
그 순간 놓아버리면 되니까

외로워도 괜찮아
신과 가까워진 사람에게만 주어지니까

삶은 전부 괜찮아!

사랑 안에서

사랑을
잊어버리는 사람은
사랑을 생각하지만

결코
사랑을
잊어버리지 않는 사람은

사랑을
잊어버리고

항상
사랑 안에 있습니다

무지개

그대를 위해 하늘이 깨졌습니다
틈새로 빛이 흘러나와 놓은
천상의 펼쳐짐

삶이 힘들 때마다 보내주는 어머니의 미소

이 부드러운 미소 위에
눈물과 외로움을 놓게 합니다

비가 그치면
하늘에서 땅을 향한 온전한 다리가 놓여져
어떤 고난도 기쁨으로 변하게 합니다

하늘에서 땅을 향한 눈부신 평화

힘들면 보게 하고
길을 잃으면 말 없는 이정표가 됩니다

이 다리는 그대를 위한 것이며

그대는 소중합니다
그대 눈물도 소중합니다
그대 외로움도 소중하며
그대 마음에 간직하고 있는
모든 건 귀중한 것이기에
하늘에서까지 다리를 놓는 것입니다

눈물과 외로움으로 입혀진 마음을
위로와 이해의 완전함으로 감싸
치유의 다리를 건너게 합니다

봄날

겨울을 배웅하는
나비춤이

흥에 겨워
아지랑 되어 하늘거리고

햇빛은 나와서
우리 함께 뒹굴자 하네

하늘과 땅 사이에 있는
생명들이
어우러져 춤추고

꽃봉오리들이
속살
보여줄 때
부끄럽지 않게

봄아,

산모퉁이를
일부러 돌아가자

* 일부러 : 특별히 마음을 먹고 일 삼아서
* 아지랑 : 아지랑이 방언

마음 이야기

공은 둥글다
둥근 것은
시작이 없고 끝도 없는데

시작과
끝을 찾으려는 마음은
어쩐 일인가?

바깥을 보면 끝이 없어
찾지 못하고

내면을 보면 너무 가까워
보질 못하니

찾는 자가
찾는 자신인데
누굴 찾는가

자기 자신은

자신을 찾을 수 없으며
존재할 뿐…

마음이 가라앉을 때
허공같이 느끼고

평온하며,
의지하지 않고,
고요하다

2
세대 차이

여름

생기生氣 넘치는

수천의
빛이 쏟아져
대지가 들썩이고

그 기운에

무한 생명의
태풍을 일으켜

열정이 무엇인지를
알려주는
집중集中의 시간,

검푸른 초록들이
얽혀서
출렁거린다

행복

부족한
것이
많다고

채울수록
가난해지는
평안,

놓을수록
채워지는
기쁨

해바라기

하늘에
기둥을 박고

땅을 향해 자라는
순수한 그림자

감히 바라보지 못하고
그림자 속에 숨어
그대를 향합니다

아침에는 안개로
밤에는 어둠으로
모든 순간을 기억하며

온 생애 내내 그대를
정면으로 바라보았습니다

세상의 그리움이 여기 다 있습니다
사라지지 않는

그리움,

숨어 마음 졸이며
늘
그대 떠오를 날만 기다립니다

고등어

절어지고 절여진 고등어 한 손
짜고 짜야 여덟 식구 입에 한 점씩,
젓가락질 몇 번에
어머니 몸 같은 앙상한 뼈만 남았다

어머니는 연탄불에 대가리 바싹 구워 맛있다며 드셨다

살점이 한 점도 없는 대가리를 까맣게 구워 아무렇지도 않게
'오도독 오도독' 소리 내며 드셨다
머리가 맛있는 모양이다

"어무이* 맛있는교?"
"그래"
"나도 좀 주이소"
"니는*, 아직 이빨이 덜 자라서 크거든 먹어라"

이렇게 말씀하시는 걸 보니
정말 살점보다 맛있는 모양이다

〉
어머니는 고등어만 사 오시면
맛있어서 대가리만 드시는 게 당연한 줄 알았다

세월이 지나고 보니 커서 먹는 게 고등어 대가리였다

커보니,
고등어 대가리 맛을 알겠더라

* 어무이 : 어머니의 사투리
* 니는 : 너는 사투리

세대 차이

영하 십 도가 넘고
찬 바람 부는데

아이스아메리카노
두 잔 주세요,
라는 소리에

놀라서
쳐다보지도
못했다

단풍

보긴
봤소?

진짜
보긴
봤소?

얼마나
봤기에

그리
얼굴을
붉히나

저녁 해

아침 해가 떴습니다

세상에 볼 것이 너무 많아
눈이 둥그레지고

서둘러 다 보려니
어느새 산이 막고
시간이 막고 있습니다

그래도 다 본다고
우기는
저녁노을은

다리가 떨려 서산에
주저앉는데

산그늘 내려오며
보아도 본 것이 없다고 합니다

〉
살면서 얻은 모든 것들
한 손에
쥐지 못하고,

갖고 온 것 없으니
잃어버릴 것이
하나도 없다고 합니다

십자가

세상에서 가장 낮은 곳의 자리
그 누구도 가지 않는 자리
괴롭고 모든 어둠을 품은 자리

고난을 겪어 빛을 알게 하시려고
기꺼이 홀로 되시며
잠깐 깊게 깊게 어둠에 잠겼습니다

어두움을 알지 못하고
빛을 어찌 알 수 있으랴
고난을 아는 자는 빛을 바라보며
어둠을 아는 자도 빛을 바라봅니다

어둠과 고난 없이 빛만을 본다는 것은
진정한 빛을 모르고
그분의 뜻을 반만 알고 있습니다

자신의 어둠을 보며, 그의 고난을 아는 자와
그의 고난을 본 자만이 빛이 스스로 와서

빛을 알게 됩니다

사랑을 알게 되는 자리,
대낮 같은 평화로움의 선물로 가득 찬 순복順福
더없는 밝음이 밝혀지는 거룩함

가장 낮은 곳의 자리에
가장 높은 영광의 빛 비춰집니다

그곳에서 참사랑이 시작됩니다

봄비

일어나라
일어나라,

잠들어있고
숨어있는

외로운 생명들은

다

일어나라

그대에게 드리는 위로

말하고 싶어도
못하고

두 팔 벌려 안고 싶어도
못하는

삶이 힘든 그대에게

눈물 많은 그대에게

사랑받고 싶은 그대에게

외로운 그대에게

드리는 위로,

'이 글을 읽는 그대를
 참 마음으로
 축복합니다!'

도솔암*

노스님 깨달음의 꽃을 가꾸시고
바람은
그 향기를 맡는 곳

당신이 부처라고
오백 년 동안
허공에다 천둥소리 내는 풍경風景

누가 듣고 있는가
소리가 이렇게 큰데…

귀 막고
눈 가리고
복만 달라는 중생

이미 다 줬다며
부드러운 솔향까지 주시는 분

우리는

늘
그분께 안긴다

* 도솔암 : 청도 적천사 부속 암자로서 적천사 뒷산의 꼭대기에 있으며, 풍경이 아주 좋고 기도 도량으로 인연이 되는 분들의 소원을 잘 이뤄지는 곳으로 아는 분들만 찾는 암자로 알려져 있다.

한 사람만을 위한 시

많은 사람들 중에
손잡는 아름다움으로 이어진 따스함

노을이 강물이 되면
강물도 노을이 되어 화답합니다

노래는 한 사람만을 위해 부르고
눈빛은 한 사람만을 위해 쳐다보며

세상 빛들은
한 사람만을 위해 비춰져
한 사람만이 빛납니다

한 사람이 모든 것이며
한 사람만을 위해 살아 있으며
한 사람으로 가득 찼습니다

잠을 자도, 걸어가도, 기도도
한 사람입니다

〉
사는 의미가
한 사람의 기쁨을 위해서며

나는 사라지고
한 사람만이 남아 있습니다

살아가는 기쁨이
한 사람입니다

새벽

가장 가까이에
웬 낯선 사람이
서 있다

캄캄한 그 설움을
긴 세월 동안
함께했지만

여전히 해 뜨기 전
새벽은 낯설다

그래도
해가 뜨는 걸 알기에

낯선
삶의 새벽을
매일 마중 나간다

인연

눈을
깊게 바라보는
사람이 있습니다

깊게
뚫고 들어가

그곳에
앉아버립니다

그렇게
앉아

가는 곳마다
매듭을 매어 놓습니다

가을

삶이 생애 내내
파도친다는 걸
진작 알았다면
한 발도 내딛지 않았을 텐데

이제야 알고 나서
뒤돌아보니

그대는 벌써
일렁이는 노을이 되어있다

그 일렁임을
끌어안으며

남은 시간 얼마일까?
하늘 보며 혼잣말한다

'사랑하니
 바보다'

〉
'바보니까
 사랑하네'

바람에 적셔진 하늘
화가 잔뜩 나 있다

세상 이야기

가재는 게 편

사랑하면 내 편
미워지면 네 편

화목하면 송편
서먹하면 절편

아내는 남편
남편은 방편

태극기는 광화문 편
촛불은 서초동 편

여당은 우편
야당은 좌편

부처님은 불佛편
예수님은 하나님 편

〉
우리는 어느 편인지?

나는 모두 다 불편不便하다

3
장날

그대

나를
밀어내고

주인이
된
사람

이별은 순간입니다

그대를 만나기 위해

설레이며
꽃을 피우고
열매 맺는 데
몇 년이 걸렸습니다

그대를 알기 위해

비 맞고
천둥 견디며
뜨거움을 안으며
냉담한 서리까지 맞았습니다

그대를 위하여

아름다움도 내어주고
낮과 밤을 줘서
남은 것이 없습니다

· · · · · ·

이별은 순간입니다

닮은 가슴으로

바다 닮은 가슴으로
파도를 보면서

누구를 사랑했는가
묻습니다

하늘 닮은 가슴으로
구름을 보면서

얼마나 그리워했는지
묻습니다

물음에,

눌러도
눌러도
수그러들지 않는

〉
닮은
가슴만
뛰고 있다고…

오직 모를 뿐

오늘도 어머니의 손을 꼭 잡고
평안동산을 산책하는 딸을 보았다

더우나 추우나 비가 오나 눈이 오나
매일 12시면 내가 마주하는 풍경이다

땀 흘리며 걷는 모습에
햇빛도 숙연해져 잠시 모녀를 외면하곤 했다

딸이 보이지 않아
의자에 앉아있는 노모에게 물었다

연세가 어떻게 되세요?
"몰라요"

어디에서 왔어요?
"몰라요"

딸은 어디 갔어요?

"몰라요"

눈길은 딸이 간 방향으로 향하는데
표정은 무덤덤하다

할머니가 알았다면
모녀는 지금 여기에 있었을까

우리는 외로움을 충분히 맛보았다

,
, ,
, , , .

아침 햇빛

살결이
이렇게 고울 수가

세상에 반짝이는 것들은
모두
고운 살결 덕분입니다

눈빛이
이렇게 따뜻할 수가

자라는 모든 것들은
따뜻한
눈빛 때문입니다

이렇게
아름다울 수가

입혀진 모든
색깔은
이 아름다움 덕분입니다

평화로움

마음에
남아
있는

물결이
없다

외로움이란

혼자라는 느낌,

무언가 채워지지 않는 마음의 상태,

나로부터 도망치고 싶다,

나로부터 숨고 싶다,

내 마음을 들키지 않게
누군가가
위로해 줬으면 하는 바램,

타인을 향한 그리움,

신을 찾는 염원의 시작

숲속에서

바람이 달다
나뭇잎도
비벼대며 사랑을 한다

그대는
계절이 만나고 헤어지는 걸
모두 안으며

바람 깊은 골짜기로
장엄을 불어 넣고

햇빛의
창조적 아름다움을 받아
고요한 평안의 침묵과 함께한다

지고의 생명이 숨 쉬고
곳곳에서 뿜어내는
용암의 열기들로
숲을 물들이는 힘줄,

〉
걸음걸음마다
충만함이다

그냥,

아름답다!

첫사랑

꿈을 잘라
우아하게 꾸며
그대에게 보내고

귀를 잡아당겨
그대 속에 있는
천상의 소리를 듣는다

사계절 내내
싹트는
봄날,

온통
누군가를 색칠하는 그대

이 붉어짐이
참
좋다

이마에 횃불이 있네

언제부터인지
세상의
모든 사람과

모든
존재들에게

성공, 부유, 풍요, 사랑
조화, 건강, 고마움, 감사
자비롭기를
축복하니

작은
횃불 하나 주셨습니다

장날

  어스름 초저녁에 버스 한 대가 먼지 날리며 지나갔다
  그 소리에 근처 마당에 있던 내가 총알같이 길가로 뛰어가니
  빨강 도깨비 두 눈 번뜩이며 저 멀리 정류장에 차가 서며
  사람들이 내리기 시작하였다
'어머니는 언제 내리는가?'
  마지막에 내리는 게 어머니 같아 보인다
  머리에 이고, 손에 봉다리 쥔 모습이 어머니이다
  반가운 마음에 숨도 안 쉬고 달려가서 치마폭을 안으니
  어머니는 한참 말이 없으셨다

"얘야, 네 엄마는 이 버스를 못 탔단다"
  그 순간, 치마를 놓고 얼굴을 들고 보니 옆 동네 친구 어머니이다
  치마폭 안은 어린 게 안쓰러워 차마 금방 말을 못 하신 거 같다
  "어머니는 언제 와요?"

"네 엄마는 늦게까지 장사한다고 아마 다음 차에 올 게다"
  그 소리를 들으니 눈물이 난다
  울 어머니는 왜 같이 못 왔지?
  땅이 푹 꺼지고 온 생의 서운함을 그때 다 느꼈다

  오늘이 장날이다

  머리에 이고, 손에 봉다리 쥔 사람은 모두 어머니로 보인다
  삶을 혼자 머리에 얹고,
  팔 남매 먹이기 위해 든 고등어 봉다리는 비린내보다 모진 고통을
  사랑 덩어리로 만들어서 들고 오셨다

  멀리서 머리에 이고, 손에 봉다리 쥔 어머니가 웃으며 걸어오신다

  이번에는 틀림없이 어머니다

영원永遠은 이 순간에 있습니다

영원은
늘
이 순간에만 있습니다

이 순간이
모여
영원을 이루지요

이 순간이 없는
영원은 없습니다

영원은
아무리 길어도

이 순간을
벗어나지 못합니다

이 순간이
바로
영원입니다

생강나무꽃 필 때

잊어버린 것이 있어
찾으려,

지난봄 남겨진
향기 따라간다

낡은 시간 뒤에 감추고
이별한 척
몸짓으로 감춰도

그 향기는
연어의 고향 냄새보다
더 진하여

생강나무꽃 필 때

설레임으로
거닐었던
그대 찾아 나선다

살아보면 아는 것

세게 불면
날아가 버릴 것 같고

놓아주면
온 생애 동안
달라붙을 것 같은

화두話頭* 같은 삶을 붙잡고
오르락내리락하면서

모르면서 쳐다보고
알면서 외면하여
살아온 시간이지만

힘들어도 희망을 가지고
외로워도 견디어 낼 수 있는 것은

이 순간이 지나 오늘이 가고 나면
마음은 조금씩

변해있기 때문이고

그나마 땀 흘린 뒤의
시원함도 조금 있어,

인생은
그러려니, 하고
사는 걸 아는 것입니다

* 화두話頭 : 참선하는 사람에게 도를 깨치게 하기 위해 내는 글귀

그래

사랑한다는 말보다

좋아한다는 말보다

보고 싶다는 말보다

. . .

그래 -------------

4
인생의 선물

개망초꽃

너무
가까이 있어
보지 못했다

깨끗하고
아름다워서

그대 보듯이
마음 다해
봐야

평범함 속의
비범함을
발견하고,

나보다
수백 배 순수하여

꽃말로
자신을 증명한다

화해, 순수한 사랑

11월에 태어난 사람들에게

감사의 기도가
저절로 나옵니다

풍요를 거둬들이고
모든 것이 익었고
모든 것이 쉬는 시간,

평안이 시작되고
완전함으로
신에게 내맡겨질
은총 입은 생명들은

모두
그대 앞에 줄을 섭니다

그대는
축복 받았습니다

인생의 선물

태어날 때
혼자라고 울었더니
함께 걸을 동행을 찾으라고
외로움 주셨습니다

외로움이 커서
허전함에 이리저리 다녔더니
항상 옆에 있어 줄 짝을 찾으라고
그리움을 주셨습니다

그리움이 변하여
원망이 될까 봐
사랑하는 이를 찾으라고
괴로움을 주셨습니다

괴로움을 넘어서고
가지지 못한 욕망을 겪어서
자비로워지라고
탐욕을 주셨습니다

〉
내 것만 챙기고 움켜쥐려는
탐욕을 겪어서
베풀고 나누라는
어리석음을 주셨습니다

외로움, 그리움, 괴로움, 탐욕,
어리석음이,
도리어 인생의 선물입니다

나는 무엇인가

나는 욕심 덩어리

나는 감정 덩어리

나는 생각 덩어리

나는 꿈꾸는 사람

나는 신의 의지가 행해지는 통로

나는 천국을 향한 여행자

나는 깨달음을 향한 순례자

나는 무한한 의식

나는 무한한 빛

나는 무한한 사랑

나는 불성佛性

꽃샘추위

세상살이
쉽지 않다는 건
알았지만

너마저도
같은
편이구나

아서라,

남의 눈에
눈물 내면

제 눈엔
피눈물 난다

그만하고
산등성이 넘어가시게

삶에 힘을 주고 평안을 주는 언어(言語)들

고귀한, 지고의 선, 충만, 생명
불변, 옴, 무한, 봉헌, 선물,

신성, 광휘, 치유, 영감, 이해
사랑, 겸손, 자비, 깨달음, 참나,

찬란한, 기쁨, 감사, 축복, 초월
순복, 눈부심, 창조, 완성, 지혜,

내맡김, 기도, 아름다움, 만족, 평안
위로, 고마움, 영원한, 친절, 영성,

성취, 앎, 덕, 넘어선, 온화함
따뜻함, 진실, 각성, 완전함, 은총,

겸허함, 성공, 풍요, 건강, 지복
고요함, 순결함, 하나, 존재, 헌신

가난을 훔쳤습니다

대나무 소쿠리에
꽁보리밥
한 덩이 넣어
부엌 가운데 걸어 놓으면

부뚜막 올라가
겨우
꽁보리밥 한 줌 쥐어
입에 넣고

찬장 열어
손가락에
된장 찍어 먹고는
잽싸게 도망쳤습니다

가난을 훔쳤습니다

기쁜 날

생각나지 않고 지나간 시간은
모두가 기쁜 날이었습니다

잠깐 스치는 무심無心의 순간들이 없었다면
지금의 모습이 어디에 있었을까요?

기쁨은 아주 작고 소소하여
기억에 남아 있지 않지만
기억에 없다 하여도 작은 기쁨이 없어지지 않습니다

작은 기쁨이 쌓여 지금의 그대가 있습니다

외로움은 언제나 큰 소리 내므로
외롭게 살아온 것처럼 느낄 뿐입니다

삶이,
기억에 남아 있지 않는 기쁨이 아니고 무엇이겠습니까?
기쁨은 은은하여
기쁨으로 인식하지 못하고 지날 뿐이니

평온의 모든 순간은 기쁨의 순간입니다

지금 순간에 아무 일 없으면
기쁘게 보내고 있는 것입니다
얼마나 기뻐야 기쁘다 할 것입니까?

기쁨은 삶 속에 한 번도 그대와 떨어진 적이 없고
고요함 속에는 항상 기쁨이 있습니다

모든 순간이 기쁨입니다

그리움이라 부른다

아주 먼 옛날
내가 있기 전

벌써
그대가 있었다

그대는
빛의 길이 되어

가슴에 앉아
쿵덕거리고

밤만 되면
조용히
함께 잠잔다

마음을
오르내리게 했던
날들

〉
심장이 뛰는 들판에
영영토록 그려내는
그림 없는
그림,

그리움이라 부른다

고향

세상에
살아 있는 모든 것들은
하늘을 향합니다

그들의 꿈이
거기에 있기 때문입니다

매일 바라보고
가고 싶은 소망에

밤만 되면
날개를 달고 미소 지으며

평안이 남아 있는
그곳으로 갑니다

무엇으로도
변하게 할 수 없는
위로가 있는 곳

〉
청실홍실 매듭지어진 자리
산과 들과 냇가가
늘 넘실대는 곳,

바람 불어도 좋습니다
꽃이 피어도 좋습니다
눈이 오면 더 좋습니다
명절이면 더더욱 좋습니다

눈꽃

꽃이 봄에만 피는 게 아니다
차가워도 꽃을 피울 수 있다는 걸 우리는 안다

삶이 맺힘 없이 내리면 금방 녹는 눈이라면
얼마나 좋을까

가지에
해가 비쳐 서운함을 달래줄 때까지 뾰족이 앉아있으면

속 모르는 바람은
이걸 보고 아름답다고 한다
아름다움이 이렇게 차가울 수 있는가?

모두 잠든 시간에
가슴을 닫은 채 홀로 꽃 피우고
언제 지는지는 자신만이 안다

누구나 삶이 때로는 겨울에도 꽃을 피우며
누구도 보아주질 않아 서러움으로 지나갈 때가 있다

〉
그때는 가슴을 열어라
누가 뭐래도 가슴을 닫지 마라
열어두면 시리지만 서러움이 녹는다

이 꽃은 빨리 질수록
봄이 가깝다는 걸 안다

눈꽃이 피면 따뜻한 입김으로
퍼뜩 꽃을 떨어뜨려라

눈 오는 산사

바람이
하늘 한번 굴러서
법고法鼓*를 두드리면

퍼지는 법문에
보살님들의 미소가 내린다

오늘만큼은
너와 내가 없고

한 몸으로 포개져
업장 덮는
소리 없는 자비로움

하늘을 보고 산을 보고
어디를 봐도
연민으로 가득 채워졌다

오늘 동지 팥죽 나눠 먹는 날,

〉
길게 줄 선 무명들이
팥죽 속에 앉은 그분의 마음 알까

따뜻한 온기로
중생 위해 스스로 녹는다

* 법고 : 예불할 때나 의식 때 치는 큰 북

소박한 행복

아이들 웃음소리,
맨발에 닿는 흙의 감촉,
바람결 느껴보는 머리카락,
팔 걷고 바지 올리고 걷는 걸음,
민들레 홀씨 불어 보내는 숨결,
비 머금은 목련,
상추쌈 싸 먹는 촌스러움,
믹스커피 한 잔 타주는 손놀림,

함박웃음 짓는 표정,
새의 노랫소리가 들리네,
발밑의 개미를 피하는 발걸음,
가족들 밥 먹는 모습,
하늘에 해가 있었네,
손잡고 가는 두 사람,
심호흡하는 평화로움,

행복은,
모래알처럼 작은 일상 속에
숨어 있습니다

새벽 송

시골집 꼭두새벽
잠결에 들려오는 노랫소리
'노엘, 노엘, 이스라엘 왕이 나셨도다'

방문 여신 어머니가 엿도 준비 못 했다며
미안하다는 소리를 하는데
"메리 크리스마스" 하며
인사하고는 옆집을 향한다

옛날 꿈속 이야기다

새벽 송 돌아본 적이 있다면
그대는 천사였다

길은 있다

바람 불고
천둥, 벼락 치고
눈보라 휘날리고
꽃 피는 길을
걷는다

눈길도,
흙길도,
가시밭길도,
꽃길도 걸었다

산다는 건
끝없이 걸어가는 것

한 걸음
또,
한 걸음

힘들면

멈춰 쉬다

다시 한 걸음
내딛는 한

길은 있다

5
보도블록 사이에 핀 노란 민들레꽃

씨앗

태양 속에
아름다운 꽃들이 타고 있고

봄날도 함께 있어
조용히 잠잔다

거대한 푸르름이
파도처럼 있고

시원한 그림자 드리운
여유로움도 있다

비바람 이겨낸
씩씩함도 있고

넓은 품 안에 안길 만큼의
풍요도 있다

꽃이 필 날,

열매 될 날,
정상에 설 날,

몸집 키우는 꿈을 꾸며
기다림 속에 숨어

보이지 않는 품에 펼쳐질
힘들을 숨기고 있다

어둠이 덮여주면
몸들이 꿈틀거린다

마음

마음은
과거와 미래를 필요로 하고
진짜를 가짜로 만들어 버립니다

마음은
현재의 순수함을
추억과 상상의 생각으로 덧씌워
지금의 아름다움을 못 보게 합니다

태양이 아침에 떠오를 때
낡은 태양,
오래된 태양은 없듯이
모든 것은 매일 새롭습니다

꽃도, 나무도, 별들도 새롭습니다
그대의 마음만 제외하고는…

마음을 제외한
이 세상의 모든 것은

늘 새롭고 신선한데

마음이
과거와 미래를
생각할 때는

그대 속에 있는
이 순간의 순수함을
못 보게 합니다

우리는 늘 홀로 살아갑니다

몸 같은 분신이 옆에 있는데도
홀로 살아갑니다
세상에 자신을 대신할 수 있는 것이
없는 까닭입니다

사랑하는 사람이 함께 있어도 홀로입니다
누군가가 사랑 자체가 되어 준 적이
없기 때문입니다

삶이 힘든 것도,
외로운 것도,
홀로 되어본 적이 없기 때문입니다

홀로 된다는 건 두려운 일이기에
홀로 되지 않으려
그리움을 붙잡고 욕망을 붙잡지만
그럴수록 홀로인 것을 알지 못합니다

나뭇잎을 떨어뜨리듯이

자신이면서 자신이 아닌 것은 놓아 버려야 합니다

홀로 살아간다는 것은
가슴 외에는 없습니다

처음부터 나중까지
원래 혼자였음을 알 때,
도리어 안도의 미소를 짓습니다

우리는 늘 홀로 살아갑니다

황혼黃昏에 황혼을 본다

함께 보는
황혼은

황금빛
백 년의
기쁨입니다

마주 보니
미소가
황혼이 됩니다

보도블록 사이에 핀 노란 민들레꽃

사람들아,

세상
모질다
해도

결국
살아서

꽃을
피웠소!

아버지

깊은 밤 별들만 보이고
달은 보이지 않습니다

사랑은 그 너머 있기 때문입니다

보이지 않는 달처럼
있는지조차
알지 못하는 사람

커졌다 작아져
그믐이 되어서야
달이 있어 밝음을 압니다

평생 드러내지 못하는 외로움,

낮달처럼
빛을 내어도 빛나지 않는

그냥

아무도 봐주지 않는 세월을

원하여
일생 동안 겪고

힘이 다하면
늙은 수사자처럼
구석으로 구석으로 밀려
홀로인

그 이름 아버지…

말이 없는 시

?

!

,

.

가슴에 담아둔 사람

가을하늘보다
청정한 분을 생각하며
길을 갑니다

하늘보다
더 큰 길에 동행합니다

너무 커서,
이 발걸음을
들키지 않았습니다

모르는 게 너무 많아

새싹이
눈을 뜨고
고개를 내미는 그 힘이
어디서 나오는지 모르겠네

꽃이
망울져 있다가
기지개 켜는 그 힘이
어디서 나오는지 모르겠네

잎새들이
나비마냥
초록 손 내미는 그 힘이
어디서 나오는지 모르겠네

아기들이
엄마의 손길만 닿아도
커가는 그 힘이
어디서 나오는지 모르겠네

〉
나를
생각 없이
무작정 그대 향하게 하는

그 힘이
어디서 나오는지 모르겠네

침묵의 말

바위는 말이 없고
나무도 말이 없으며
구름도 말이 없습니다

꽃들도 말이 없고
바람도 말이 없으며
바다도 말이 없습니다

원래 우리는 말이 없었습니다

세상은 침묵으로 가득 찼고
침묵하는 것들은 소리가 없습니다

침묵으로 말하는 것이
소통의 가장 으뜸이기 때문입니다

신의 성품은 침묵 속에서 나타나고
침묵의 언어를 깊이 들으십니다

〉
자연은 침묵으로 대화하고
깊은 기쁨은 침묵에서 나오고
평안과 고요함도 침묵입니다

침묵의 말을 이해하면
세상의 모든 말을 이해할 수 있으며
순수한 영감으로 채워져
진정 빛나는 것이 무엇인지 압니다

모든 것은 침묵 속에서 찬란히 말하고 있습니다

해 질 녘에는 왜 눈물이 나는가

숨바꼭질하다가
엄마가 부르는 소리에
하나씩 집으로 가고

강가의 억새가 서걱거리는
텅 빈
어둠을 안고

아직 오지 않는
엄마를
기다리는 소녀는,

세월이
깊이깊이 묻어둔
외로움의 기억을

해 질 녘이면 끄집어내어
어스름
노을 앞에 놓고

〉
산 넘고 산 넘은
구름을 보며
엄마를 기다린다

들꽃

커다란 바위 위로 바람이 지나가면
홀로 있는 것들은
이리저리 흔들립니다

들판에 후두둑 비가 내려
젖은 꽃대는 비스듬히
무얼 생각합니다

들꽃 위로 먹구름이 지나갑니다
멀리서 아주 멀리서 바라봐도
그리움이 일어납니다

그대여, 안개 속같이
고요하고 홀로 걷는
그대여!

낮이나 밤이나
저 혼자 피었다 지는
외로워 좋은 들꽃이여!

그대 앞에서는

세상
모든
것이
밝음이다

어린아이가

꽃을
들고
서
있다

눈먼 사람들

앞도 옆도
보지 않는다

차도
자전거도
보지 않는다

타인도
가족도
보지 않는다

오직
스마트폰을 손에 쥐고

시선을
고정한 채

꺼져가는
노란불

아랑곳 않고

늪에 빠져
자신을 잃어버린다

열 번 넘어져도 일어나는 거야

넘어진 자리

넘어지고
또 넘어져도 일어나는 거야

상처받은 자리
또 받아도

그냥 그저 일어나는 거야

외로운 자리에

또 외로움이 찾아와도
일어나는 거야

수없이 아픈 인생
겹치고 포개져

〉
열 번을 넘어져도
또
일어나는 거야

기도

너그럽게 하소서

사람을 향한 시기와 질투가
마음 속에 있습니다
시기와 질투는 나의 것이 아님을
알게 하소서

겸손하게 하소서

사람을 향해 비난하고 심판하는
교만한 태도가 마음에 있습니다
겸손이 우리의 것임을 알게 하시고
사람들을 향한 모든 말은
자신에게 하듯이 부드럽게 하게 하소서

따뜻하게 하소서

사람을 향해 쌀쌀하고 냉소적인
마음이 있습니다
따뜻함으로 모든 생명을 존중하며

함께 온기를 느끼며 살게 하소서

친절하게 하소서

무관심하게 지나는 모든 사람들에게
마음으로 친절을 행하며
친절로서 작은 사랑이 나타나게 하소서

용서하게 하소서

사람들의 잘못에 대해 너그럽게
용서할 마음을 주시고
용서를 통해 용서받는다는 걸
알게 하소서

시끄러운 세상 소식과는 멀어지게 하소서

세상 소식에 마음을 덜쓰게 하시고
사소한 것들은 그냥 넘기는 여유와 함께
모두가 잘 되기를 바라는 기원을 갖게
하소서

〉
숨겨논 죄책감과
괴로워하고 갈등을 일으키는 모든 것을
기꺼이 신에게 맡기고
걱정에서 벗어나게 하소서

자신을 자랑하고 드러내기 보다는
평안함에 머물게 하시고,
지금 이 순간 외에 행복의 다른 순간이
없음을 알고,
기쁨의 원천이 '얻음,에 있는 것이 아니라 늘
내면에 있음을 알게 하소서

살아있는 동안 이것을 행할 마음을 주시고
겸허함으로
우리가 매 순간 살아가는 것이
신성의 나타남이라는 것을 알게 하시고
신의 은총을
허락 하소서

| 해설 |

길[道]과 풍경

김동원

해설

길[道]과 풍경

김동원 | 시인·문학평론가

■ 들어가는 말–여운

 그의 시는 「목련꽃 진자리」가 키운 지혜의 보물 창고에서 꺼내고 있다. 고향의 정서와 가난한 부모의 고통이 고스란히 찍혀 있다. 그의 서정은 뒷산 뻐꾹새 울음이 키운 언어이자, 맑은 계곡물이 흐르는 언어이다. 좋지 않은 감정의 이미지를 감동과 소통의 에너지로 바꾼다. 고운 서정시가 다 그렇듯, 그 또한 타인의 상처와 치유를 가능하게 한다. 그의 시의 중요한 특징은, 내면과의 대화를 빼놓을 수 없다. 끝없는 종교적 성스러움과 명상의 세계로 안내한다. 이런 고백의 시편은 성령의 말씀을 환기한다. 그의 시편은 일상에서 자연스러운 풍경을 불러내기도 하고, 어떤 교훈과 의미를 행간에 풀어놓기도 한다. 행과 연 사이, 맑은 바람이 불어와 가슴을 움

직이게 한다. 보고, 만지고, 향기를 맡은 그의 감각은, 어쩌면 원형적 상징에 가까운지도 모른다. 구체적인 현실을 반영하며, 자신이 직접 체감한 느낌의 언어로 생생하게 전한다. 그에게 「산다는 것은」 깊은 사유에 대한 질문이자, 길[道]에 대한 은유로 보인다. 인생의 빛과 그늘에 대한 이중주이자, 따스한 생을 찾아가는 궤적이다. 그의 말대로 삶은, 그 자체가 법문이며 화두인지도 모른다. 우리는 길 위에서 태어나 길 위에서 만나고 헤어진다. 사람살이가 다 그렇듯, 봄바람처럼 불어와 서녘 노을처럼 잠깐 붉었다 사라진다. 모든 집은 길로 통하고, 길은 모든 집으로 돌아가게 마련이다. 김창권 시인에게 사물의 뒤쪽은 성찰의 대상이자 영적 성소이다. 천지 만물의 말씀을 듣는 신비로운 시간인지도 모른다. 이런 놀라운 시적 기도는, 의문에 대한 진지한 탐색을 통해 그의 시를 풍성하게 한다. 서정시는 수백 번 실패하면서 앞으로 나아간다. 한순간에 새로운 시어를 얻는 것은 없다. 넘어지면서 일어나고, 일어나면서 밀고 나가는, 그의 자세야말로 시적 행간을 확장한다.

  이번 김창권의 시집 『산다는 것은』 속에는, 크게 세 가지로 살필 수 있다. 표제시 「산다는 것은」에서 유추되듯, 모든 생명이 하나라는 놀라운 화엄 사상을 기층에

깔고 있다. 이것은 현상에 존재하는 일체 만물이, 서로에게 맞물려 돌아가는 연기설과 상통한다. 연기는 바람처럼 걸림이 없이 끊임없이 이어지는 것으로서, 우주의 자재自在한 상태를 일컫는다. 하나[一]가 모두[多]를 품고, 모두가 하나로 돌아가는 중도 사상을 일컫는다. 다음은 사모곡思母曲과 사부곡思父曲에서, 그의 곡진한 효심이 그대로 드러난다. 「장날」에 투영된 어머니와의 쓸쓸한 기억은, 독자의 심금을 울린다. 가난의 아픈 길목에서 만난 모자의 곡진한 정은, 늑골을 저릿하게 한다. 모정보다 더 위대한 사랑이 있을까. 어머니라는 존재를 떠올리는 것만도, 시인의 어린 날엔 큰 위안이 되었으리라. 이런 개인적 서사는 「아버지」에서 정점을 찍는다. 가족 속에서 아버지는 그늘 같은 존재이며 사랑채만큼이나 먼 존재이다. 그가 인식한 아비의 모습은 끝없이 가족을 위해 헌신한 삶의 표본이다.

  마지막으로 그의 시편은, 잃어버린 아름다운 추억에 대한 이야기다. 「보고 싶은 사람」에 대한 애틋함이 그리움의 정서로 채색되어 있다. 붙잡을 수 없는 것들에 대한 연민과 고뇌가 '사랑과 아쉬움'의 틈 사이를 메우고 있다. 어쩌면 그에게 시는, 영적 고백의 장소이자 시간의 무늬인지도 모른다. 때론 기억의 방식으로, 때론 호명의 방식으로, 그의 명상록 같은 서정시의 교직은 휘파람처럼 아련한 기억을 환기한다.

■ 질문

 우리는 늘상 '삶'에 대해 질문한다. '어디에서 와서 어디로 가는가?' 좋은 질문은 고독한 현실을 뚫고 나가는 첩경이다. 인생도 시도 평생 지극해야 문이 열린다. 하늘과 땅과 사람은 서로 한 몸으로 연결되어 있다. "당신은 행복한가?" 현대인들은 너무 바쁘다. 멈출 수는 없지만 잠깐, 쉴 수는 있다. 힘들 때 "사랑과 희망의 색으로 칠해야 한다"는 화가 샤갈(러시아, 1887~1985)의 말처럼 힘들다고 포기해서는 안 된다. 만휘군상萬彙群象은 그 자체로 한 편의 경이로운 시다. 버릴 건 버리고, 고칠 건 고치고, 가릴 건 가려서, 웃고 춤추고 놀다 가면 된다. 명시는 아직 쓰여지지 않았고, 인생도 답이 없는 미완성 작품이다. 김창권의 「산다는 것은」에서 깊이 읽어내었듯, "어느 곳에서" "황혼"의 "새벽"은, "다른 곳에서" "어둠"의 "밝음"이 될 수 있다. 삶은 보이는 것이 다가 아니다. 진실은 언제나 이면에 숨어있기 마련이다.

이 황혼이 어느 곳에서는 새벽이고
이 어둠이 다른 곳에서는 밝음입니다

우리가
어둠에,
외로움에 더듬거릴 때는

빛이 오고
함께하는 즐거움이 싹트고 있습니다

산다는 것은

봄 같은 두근거림도
여름 같은 뜨거움도
가을 같은 외로움도
겨울같이 침묵해 내는 것이라

고상하고 우아한 삶이란 없습니다

고목같이 살아내고
고목같이 살아가는
거룩한 순간만이 있으니

산다는 것은,

거룩한 일입니다

―「산다는 것은」 전문

 현실의 "어둠"은 문학에서는 진실을 향한 희망으로 나타난다. 리얼리티Reality야말로 신비로운 현상 세계다. 하늘을 자주 쳐다보는 것도 좋은 일이지만, 넘어지지 않기 위해서는 매 순간 땅을 내려봐야 한다. 보이는 세계가 무진장이라면, 보이지 않는 세계 또한 무진장이다. 구상과 추상은, 마치 봄꽃이 피고 연두가 나오고 초록을 지나 단풍이 물들고, 흰 눈의 겨울이 와서 나목이 될 때까지의, 전 과정에 비견된다.

 「산다는 것은」 어쩌면, '사랑의 눈'으로 일상을 쳐다보며 기적을 발견하는 것인지도 모른다. 이 세계는 아름다운 예술품이다. "우리가" 어둠 속에서 "외로움"을 "더듬거릴 때" 만나는, 그 순간이 명시다. 누가 이 광대한 우주의 지혜를 다 알 수 있겠는가. 하여, 김창권은 "봄 같은 두근거림"으로, "여름 같은 뜨거움"으로, "가을 같은 외로움"으로, "겨울" 같은 "침묵"으로 "거룩"하게 살자고 말한다. 거룩이야말로 얼마나 신적神的인가!

▨ 빔의 미학

 행간은 빌수록 아름다운 미학이 된다. 텅 빈 우주는 '울림과 떨림'으로 이루어진 시다. 밤하늘에 반짝이는 별들의 수만큼 지상에는 시가 존재한다. 그의 시는 바람의 풍화에도 지워지지 않은 시간의 무늬가 선명하다. 소통과 감성의 언어로 짠 그의 시는, 창窓을 통해 내면의 그리움을 풍경에 버무린다. 사물은 호명되길 간절히 바란다. 장자는 '허실생백虛室生白'이라고 하였다. 하늘은 비어 있어서 멀리 돌아갈 수 있다. 인생도 너무 욕망으로 가득 차면 숨이 막힌다. 때로는 느슨하게, 천천히 걸으며, 아침 새소리를 행복하게 들을 일이다. 김창권의 「가을 단상」은 자신만의 보폭과 숨결이 있다. "여백이 없"어 더 붉어 보이는 것이, "노을로 꽉 찬 하늘"이라는 역설은 놀랍다. 사람마다 시의 느낌이 다르듯, 그의 시는 리듬이 물 흐르듯 자연스럽다.

> 노을로 꽉 찬 하늘
> 여백이 없고
>
> 어스름이 내린 들판
> 조용히 식어가고 있네

삶의 그늘이 작아지면
가슴도 조용히 식는 줄 알았네

너의 미소가
잔잔한 물결인 줄 알았는데
파도가 되어 밀려오더라

손을 마주 잡고
말없이 걷는 오늘이
우리 남은 날들의 선물

길 떠난 철새들이
붉게 물든 하늘에서 점, 점, 점

멀어지다가, 까무룩
사라진다

— 「가을 단상」 전문

「가을 단상」은 '아름다운 풍경을 보러 떠나는 기차 여행' 같다. 있는 그대로의 사물, 분위기, 모호성, 사라짐과 나타남, 리듬, 이미지… 등을 일상에서 찾는다. "어스름이 내리는 들판"은 얼마나 시적인가. "삶의 그늘"의 의미를 어스름 깔리는 그림자에서 찾은 이 시는, 고즈넉하다. 오랫동안 응시와 경험에서 나온 그의 시는, 형식과 내용이 분리되기 전의 시상이다. 감성의 시어이자, 수묵의 정신이 깃든 한 폭의 한국화이다. 시를 쓰다 보면, 언어 역시 음영陰影이 중요하다는 사실을 깨닫게 된다. 그림자는 실체의 진실을 드러내는 비유이기도 하다. 그런 비유는 "너의 미소"로 인해 "잔잔한 물결"이 된다. "우리 남은 날들의 선물"이기도 한 "오늘"은, "멀어지다가, 까무룩/ 사라"지는 적막의 세계이기도 하다. 그의 서정시는 사물의 말과 공간에 귀를 기울이는 시적 분위기가 좋다.

사모곡思母曲

장날은 예나 지금이나 한국인의 원형 정서를 가장 잘 대변하는 공간이다. 특히, 오일장은 인근 여러 지역이 날을 달리하며 열렸다. 먼 산골 사람들은 새벽밥을 일찍 뜨고, 하룻길이 걸리는 몇십 리를 걸어서 시장을 다니곤 하였다. 정성껏 농사를 지은 온갖 채소나 과일, 곡식들이 장터에서 팔려나갔다. 좁은 장터에는 할머니, 아주머니들이 좌판을 열어 열심히 호객행위를 한다. 간

단히 끼니를 해결하기 위한 국밥집은, 장꾼들로 언제나 흥성흥성興盛興盛하다. 장날은 단순히 물건이 거래되는 경제활동의 공간으로서만이 아니라, 농촌 공동체의 중요한 공간으로서 기능한다. 오랜만에 친구들을 만나 대낮부터 얼큰하게 취한 농군들이 고래고래 지르는 노랫가락은, 잠시나마 가난을 잊게 해준다. 이번 김창권의 시집 『산다는 것은』 속에서 가장 주목할 시는, 「장날」을 중심으로 전개된 어린 아들과 어머니와의 애틋한 이야기다. 사모곡의 슬픈 곡조는 언제나 읽는 이의 심금을 울린다. 「장날」은 근래 보기 힘든 서정시의 전범을 이룬다. 가난한 모자母子의 잊지 못할 쓸쓸한 기억은, 동화처럼 뭉클하다. 이 작품은 개인적 고통을 시로 잘 승화시킨 진면목을 보여준다.

어스름 초저녁에 버스 한 대가 먼지 날리며 지나갔다
그 소리에 근처 마당에 있던 내가 총알같이 길가로 뛰어가니
빨강 도깨비 두 눈 번뜩이며 저 멀리 정류장에 차가 서며
사람들이 내리기 시작하였다
'어머니는 언제 내리는가?'
마지막에 내리는 게 어머니 같아 보인다
머리에 이고, 손에 봉다리 쥔 모습이 어머니이다
반가운 마음에 숨도 안 쉬고 달려가서 치마폭을 안으니
어머니는 한참 말이 없으셨다

"얘야, 네 엄마는 이 버스를 못 탔단다"

그 순간, 치마를 놓고 얼굴을 들고 보니 옆 동네 친구 어머니이다

치마폭 안은 어린 게 안쓰러워 차마 금방 말을 못 하신 거 같다

"어머니는 언제 와요?"

"네 엄마는 늦게까지 장사한다고 아마 다음 차에 올 게다"

그 소리를 들으니 눈물이 난다

울 어머니는 왜 같이 못 왔지?

땅이 푹 꺼지고 온 생의 서운함을 그때 다 느꼈다

오늘이 장날이다

머리에 이고, 손에 봉다리 쥔 사람은 모두 어머니로 보인다

삶을 혼자 머리에 얹고,

팔 남매 먹이기 위해 든 고등어 봉다리는 비린내보다 모진 고통을

사랑 덩어리로 만들어서 들고 오셨다

멀리서 머리에 이고, 손에 봉다리 쥔 어머니가 웃으며 걸어오신다

이번에는 틀림없이 어머니다

─「장날」 전문

개인적 서사가 개입하면, 시가 점점 흥미진진해진다. 이야기에 이야기가 입혀지고, 절실한 감정이 스미면, 시는 한 편의 아름다운 세계가 된다. 그의 시는 체험의 상황과 맞물려 아릿하다. 행간 속에서 오랫동안 서성거리고 있으면, 소년 김창권의 흐느끼는 울음소리가 들린다. 시어는 시인이 겪고 튼 세월의 지문을 남긴다. 파장은 벌써 했건만, "어스름 초저녁에 버스 한 대가 먼지 날리며 지나"간다. 눈이 빠지게 '엄마'가 오나 "저 멀리 정류장에" 서서 지켜보는 소년이 보인다. 동네 사람들은 다 내렸는데, '울 엄마'만 보이지 않는다. 어린 가슴에 "땅이 푹 꺼지고 온 생의 서운함"이 절박하게 몰려온다. "울 어머니는 왜 같이 못" 와요?, "네 엄마는 늦게까지 장사한다고 아마 다음 차에 올 게다". "팔 남매"를 먹여 살리기 위해, 장場에 간 엄마는 가져간 물건을 다 팔 때까지 버스를 타지 못했다. 시「장날」에서 가장 감동적인 부분은, "멀리서 머리에 이고, 손에 봉다리 쥔 어머니가 웃으며 걸어오"는 장면이다. 그렇다. 그분은 "틀림없이" 소년 김창권의 귀한 "어머니"가 맞다. 이렇듯, 좋은 서정시는 개인적 정한情恨의 눈물겨운 산물産物이다.

■ 상황적 아이러니Irony

  이번 김창권의 시집 『산다는 것은』 속에서, 신선한 시각을 제공하는 시가 있다면 「세대 차이」를 들 수 있다. 세대 차이世代差異는 서로 다른 세대들 사이에 있는 감정이나 가치관의 차이를 가리킨다. 최근 세대 차이는 경험한 시대의 차이, 혹은 사회구조의 차이를 반영한다. '386세대'에서 8은 80년대라는 시대 상황을 의미한다. 특히 70, 80년대가 억압된 권위주의 시대였다면, 2000년대 이후 출생한 젊은 20대는 개인주의 세대로 자유분방하다. 이런 구세대와 신세대 간의 갈등은 당연하다. 체험한 문화가 다르고, 살면서 본 풍경이 다르다. 특히, AI가 일상화된 현대 사회에서는, 그 경계점이 뚜렷하다. 음악 성향, 정치 성향 등에 있어서도 극심한 차이를 보인다. 젊은 세대의 영향력은 확대되었으며, 기성세대의 문화는 꼰대 문화로 낙인찍힌다. 이런 측면에서 보면 김창권의 「세대 차이」는, 기성세대의 눈에는, 정말, 요즘 세태가 아이러니하게 비친다.

    영하 십 도가 넘고
    찬 바람 부는데

아이스아메리카노
두 잔 주세요,
라는 소리에

놀라서
쳐다보지도
못했다
―「세대 차이」 전문

　「세대 차이」란 시에서 "영하 십 도"는 뛰어난 표현이다. 표면적 의미는 '진짜 겨울 날씨가 춥다'라는 뜻이겠지만, 이면에는 얼마나 '세대 차이'가 큰지를 중의적으로 보여준다. 매서운 추위에 "아이스아메리카노"라니, 얼마나 아이러니한가. 정말 알다가도 모를 일이지만, 세대 차이는, '화성 남자 금성 여자'만큼이나 간격이 있어 보인다. 아무리 상황이 놀랍다고 해도, 세대 간 서로 "쳐다보지도" 않으면, 이 세상은 얼마나 삭막할까? 심리적 불안의식이 복잡할수록 단순함이 답이듯, 우리는 공동체를 함께 영위해 나가야 할 역사적 책무가 있다. 「세대 차이」는 이 시대에 대한 질문이지만, 촌철살인의 교훈을 담고 있는 운문시이기도 하다. 행산의 '빔'을 통해 '내면을 성찰'케 하는 힘이 있다. 시는 짧을수록 행간의 울림과 여운이 길다. 오늘날에 운문시가 현대인의 사랑을 많이 받는 것만 보아도, 한동안은 대세를 이룰 것이다. 말의 홍수 시대에 언어의 압축과 절제야말로, 사람의 가슴을 움직이게 하는 멋진 율격이 아닐까.

■ 나가면서

이번 김창권의 시집 『산다는 것은』 속에는, 서정시가 갖춰야 할 몇 가지 기본이 모두 수록되어 있다. 행간의 여백미가 시의 여운을 짙게 한다. 짧은 아포리즘aphorism의 시가 도드라진다. 아포리즘은 간결한 표현으로 사람의 마음을 감동케 하는 금언이나 경구 등을 말한다. 사람이 지켜나가야 할 보편적 진리나 교훈 등을 담고 있다. 시 「코스모스」는 "겸손"하기 위해 "그리움의 크기가/ 우주만 해졌"다는 놀라운 비유가 담겼다. 압축과 여운, 리듬과 이미지의 수사로 가득 찬 그의 운문시는, 우선 편하게 읽히는 장점이 있다. 가장 짧은 그의 시에 따르면 사람은 "늘/ 둘이면서도/ 항상/ 하나다".(「우리는」 전문)

카를 구스타프 융(1875~1961, 스위스 정신과 의사)에 따르면, 인간은 의식과 무의식, 빛과 그림자, 페르소나와 진정한 자아의 대칭점에서 조화를 꿈꾼다. 이 시는 어쩌면, 진리는 '둘이 아니라 하나'임을 강조하고 싶었는지도 모른다. 그의 대다수의 시편은 불교 사상을 배경으로 하고 있다. 그중 「도솔암」은, "풍경風景" 소리 그 자체가 '깨달음의 장소'임을 밝힌다. 그의 우주관에 따르면, 일체 만법이 법당이요 부처이다. 좋은 서정시가 다 그렇듯, 이번 시집에서 그가 보여준 고향과 부모님에 대한 정서 역시 중요한 테제로 작용한다. 한편, 그는 시를 타인에게 감동과 울림을 선사하는 방편으로 비유하고 있다. 감정을 밀어 넣는 이런 행간의 변주는, 화자의 진정성으로부터 출발한다. 시인의 내면이 공허하면 시의 의식은 표면에 머문다. 그의 시가 생생한 느낌을 주는 것은 동일성의 시학을 꿈꾸고 있기 때문이다.

마지막으로 이번 시집에서 시인이 말하고자 하는 사유가 절묘하게 표현된 「보도블록 사이에 핀 노란 민들레꽃」을 감상하며 마칠까 한다.

사람들아,

세상
모질다
해도

    결국
    살아서

    꽃을
    피웠소!

    ―「보도블록 사이에 핀 노란 민들레꽃」 전문

 시의 깊이는 사유의 깊이와 일치한다. 언어의 주름과 시간의 역동성을 통해, 상상력을 극대화하는 작업이 시다. 주제에 대한 집중도와 내면 탐색은 현대시의 중요한 지점이다. 사실의 세계를 너머 진심의 세계에 복무해야 좋은 시다.

 김창권의 「보도블록 사이에 핀 노란 민들레꽃」은, 시적 공간에 대한 섬세한 묘사가 돌올하다. 시적 발화의 참신성은 새로운 시법으로 주목된다. 첫 행 "사람들아,"의 호격은 시선을 집중시킨다. 무거운 사색을 변주할 때, 호격은 아주 제격이다. 시는 관성과 타성을 버릴 때 놀라운 이미지를 얻는다. 치열한 자기 고뇌의 과정을 거쳐야 좋은 시가 나온다. 시인은 현실을 통해 이데아의 출구를 찾는 존재이다. 이 시에서 극적 긴장과 갈등을 풀어내는 행간은, "결국/ 살아서// 꽃을/ 피웠소"라는 시구이다. 그렇다. 언어의 끈질긴 승부 근성은, 어떤 시련이 닥쳐오더라도 결단코 굴복하지 않는 시인의 삶에서 나온다. 물론 김창권의 시가, 낯설거나 전복적 사유는 부족하지만, 나름 오랫동안 익힌 서정시의 본질을 꿰뚫고 있다. 추상적이거나 환상시로 흐르지 않고, 자신만의 목소리로 감동과 여운을 남길 줄 아는 시인임에는 틀림없다.

세계를 호명할 때 시가 홀연히 나타나듯, 말할 수 없는 것에 대해 그의 시는 다가간다. 이 밖에도 만만치 않는 시편들이 빼곡하다. 시「사랑 안에서」는 '사랑'의 가치를 기독교의 관점에서 오랫동안 탐색한다. "결코/ 사랑을/ 잊어버리지 않는 사람"이 되기 위해선 "항상/ 사랑 안에" 머물러야 함을 역설한다. 시「마음」은 "진짜" 마음과 "가짜" 마음의 경계선에 놓인 작품이다. 불교에서는 보이지도, 들리지도, 만져지지도 않는 것을 마음이라고 한다. 시인은 날마다 변화하는 것이 '마음'의 본성임을 암시한다.

이렇듯 그의 시는, 무차별적이고 불가해한 사물의 심연을 파고 내려간다. 좋은 서정시는 삶과 유리되지 않는 그 어떤 지점이다. 관념의 덩어리가 아니라, 철서히 감각화한 이미지의 표현이 좋은 서정시이다. 말의 유사성을 통해 행간을 직조해 나가야 하며, 놀라운 발상의 전환으로 시를 빚어야 한다. 시는 길을 잃은 자, 집을 찾는 자, 사랑과 이별 사이 헤매는 자들을 위해 좋은 친구다. 하여, 김창권은 이번 시집을 통해, 시는 욕심을 버릴 때 시가 됨을 설파한다. 하여, 그의 시집은 사물의 본성을 받아들여, 울림과 감동으로 세상과 소통한 시로 규정된다.